My Name is:

_____

Draw THIS IS ME:

Draw MY FAMILY

I MATTER

I AM STRONG

I CAN BE ANYTHING I WANT TO BE

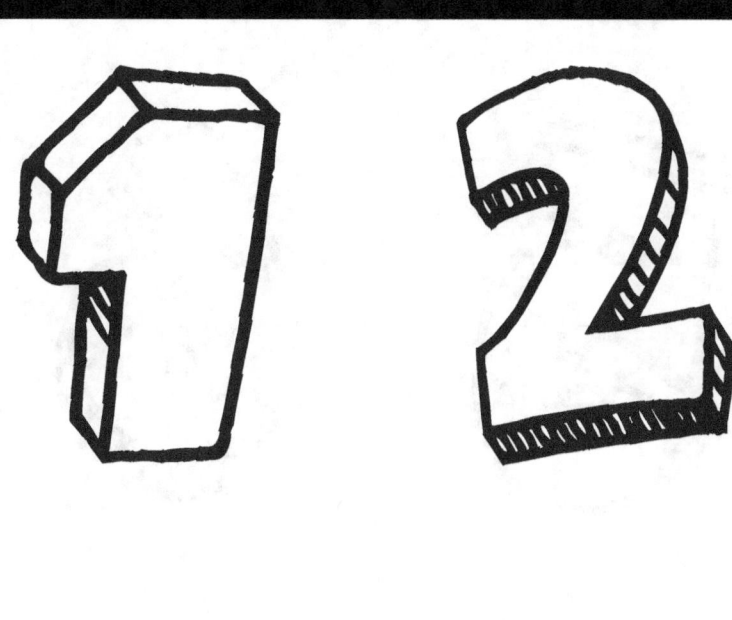

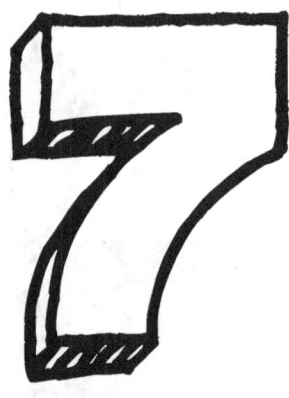

IS FOR _____

Draw I FEEL

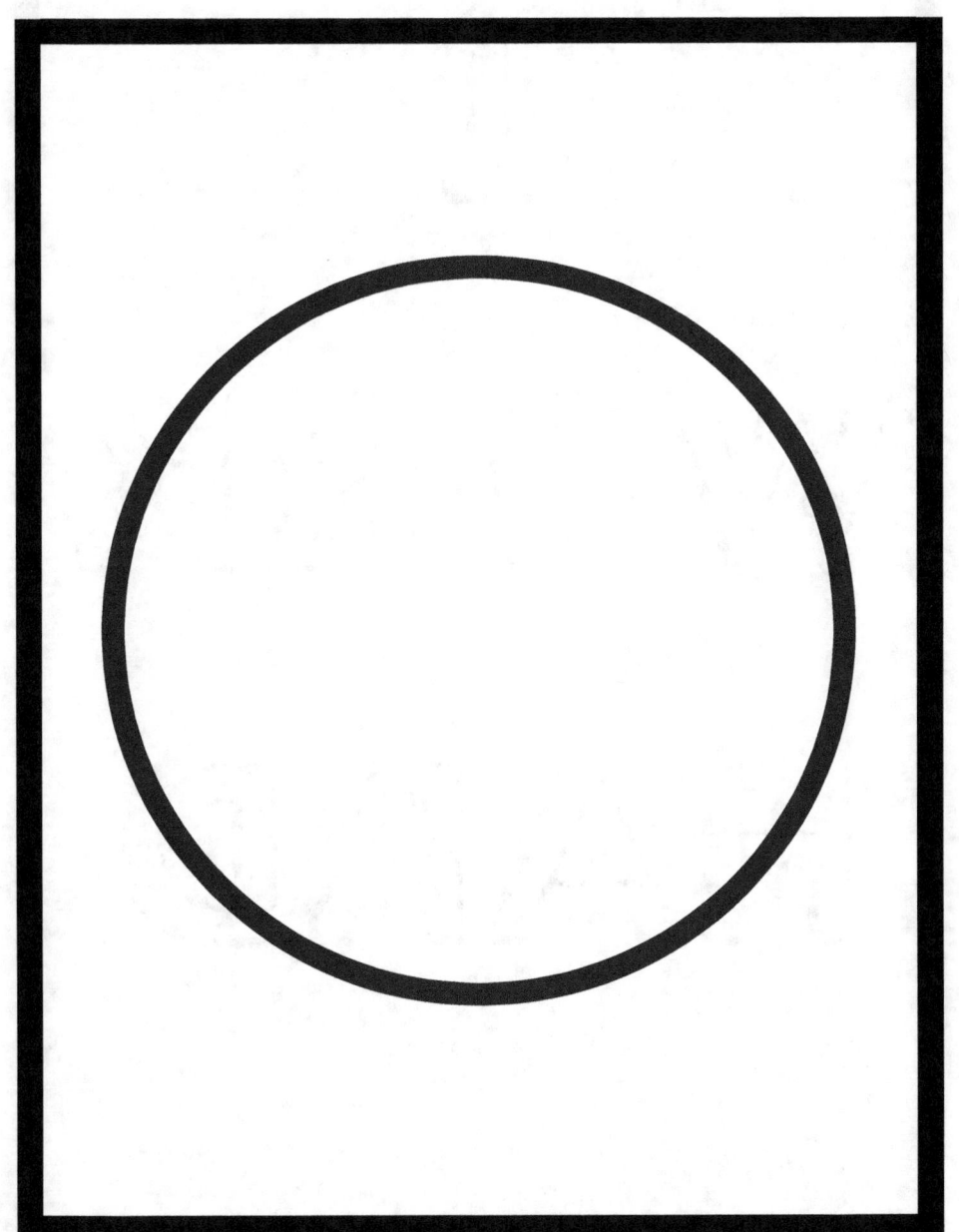

I WORK HARD

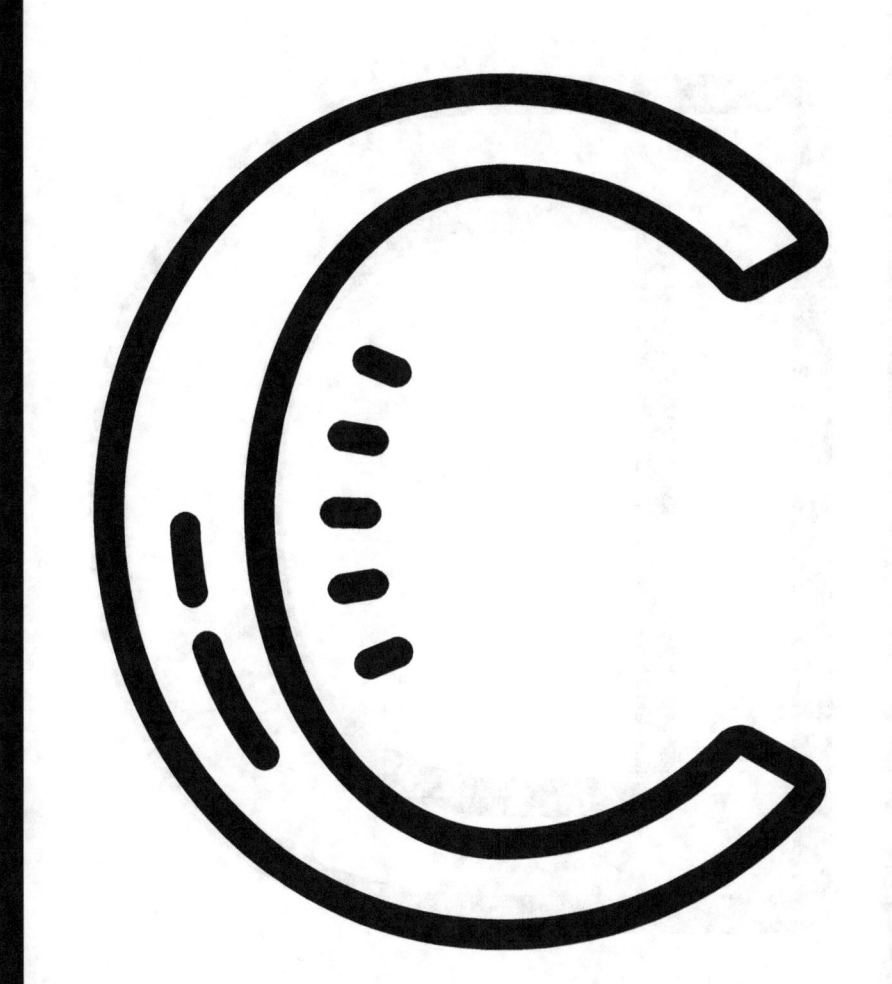

IS FOR _____

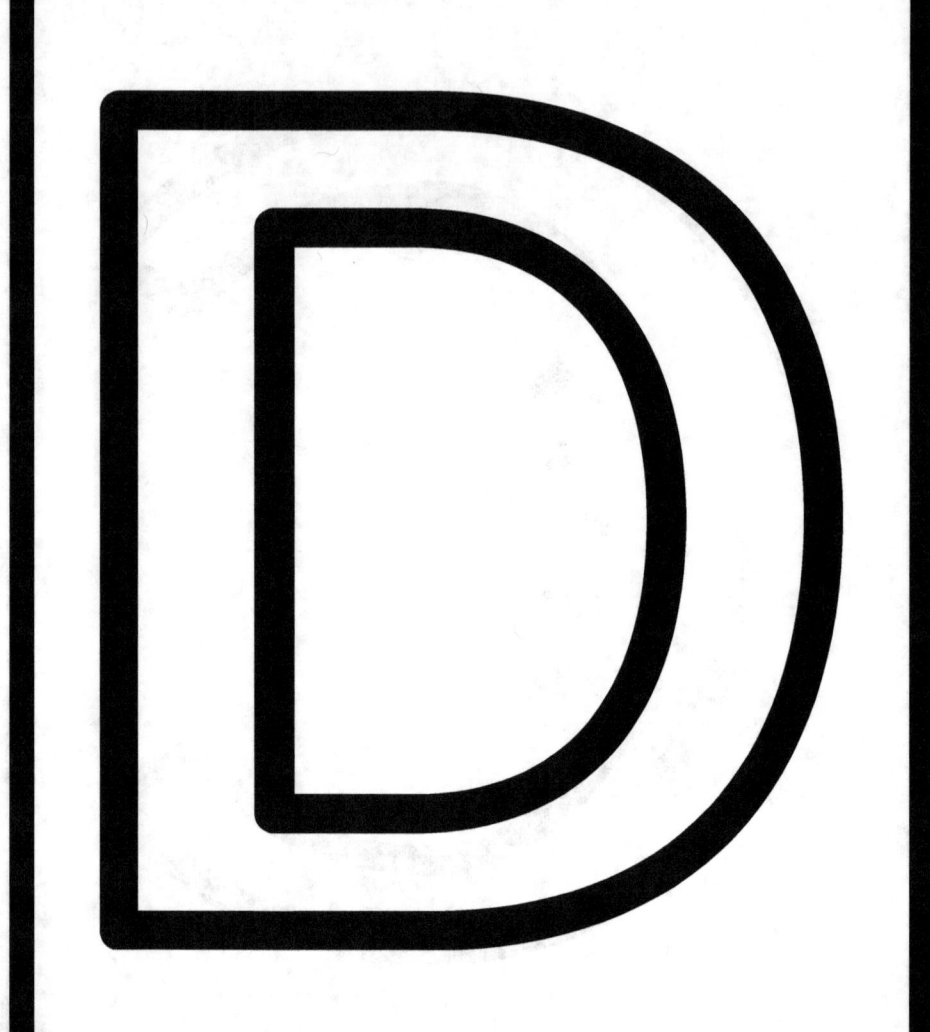

Draw I FEEL

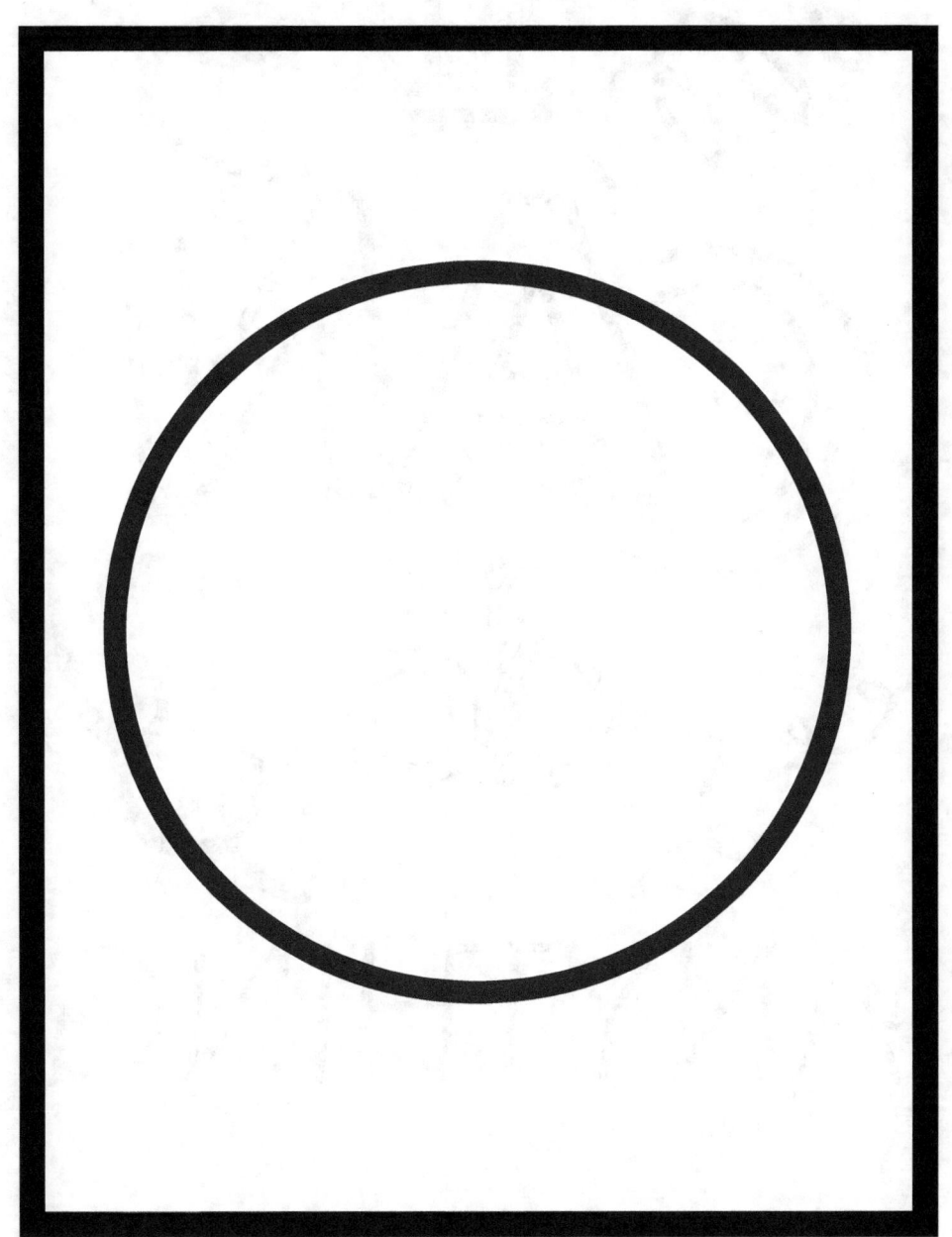

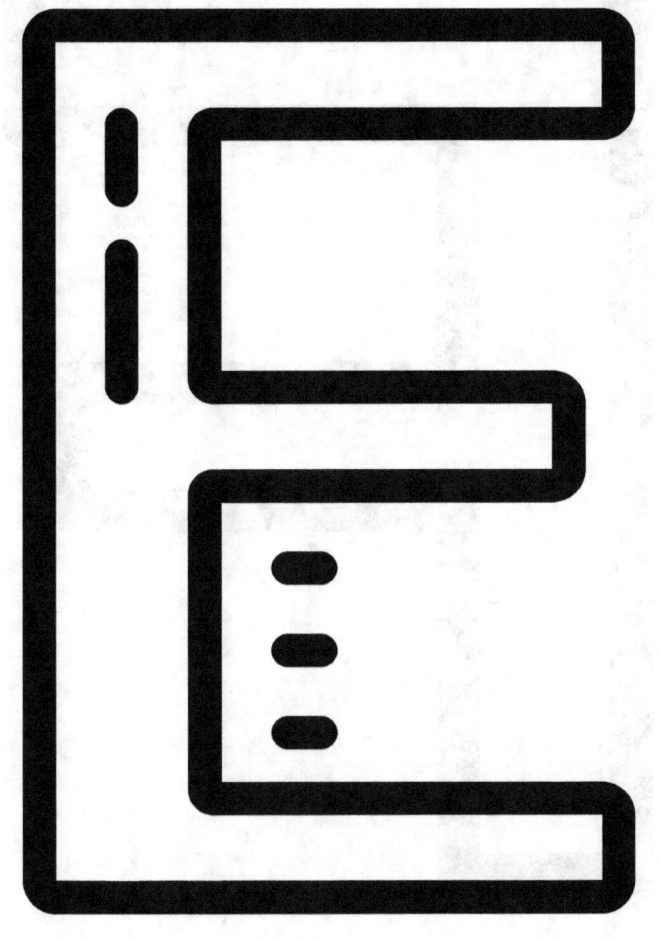

IS FOR _____

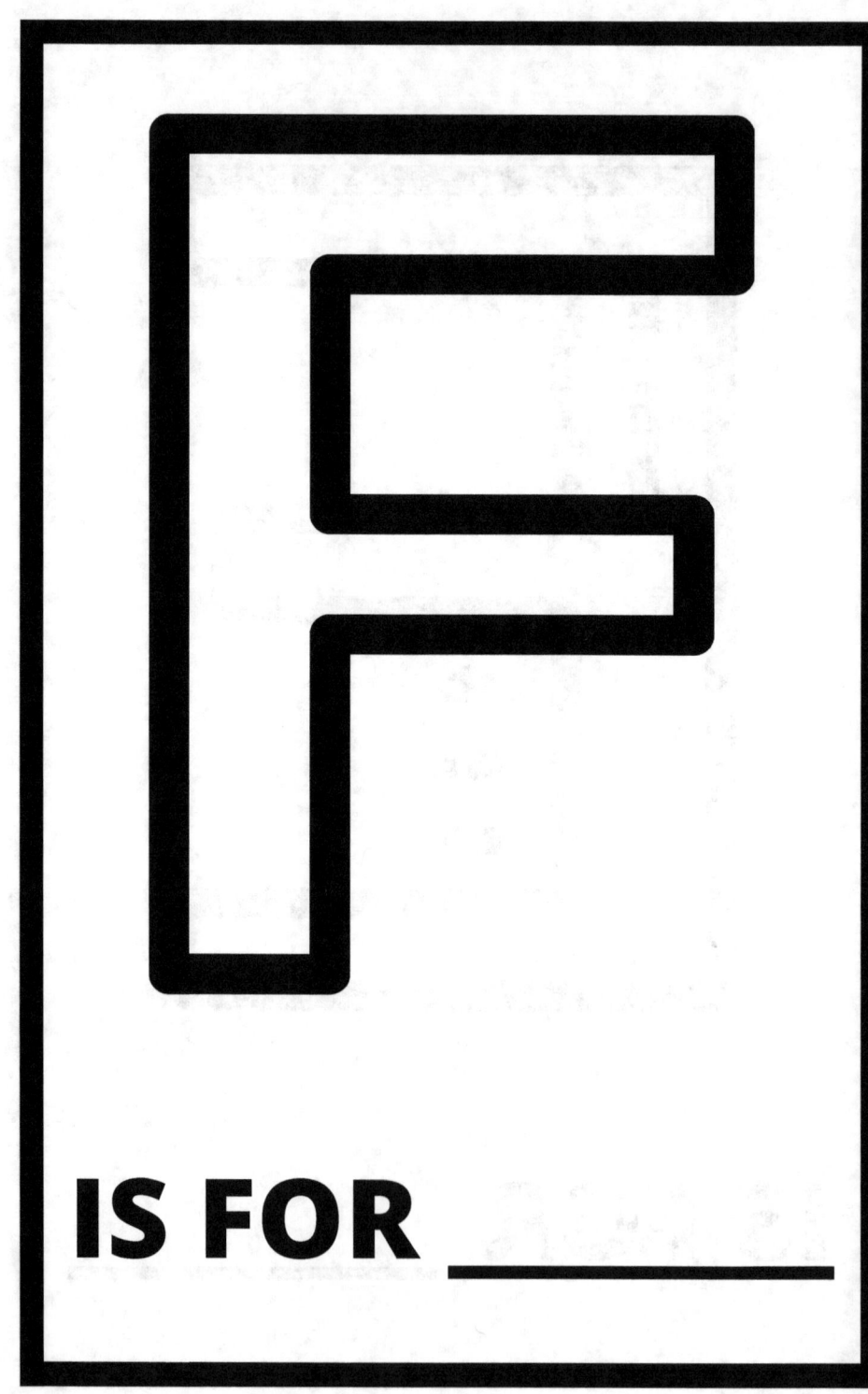

Draw **I FEEL**

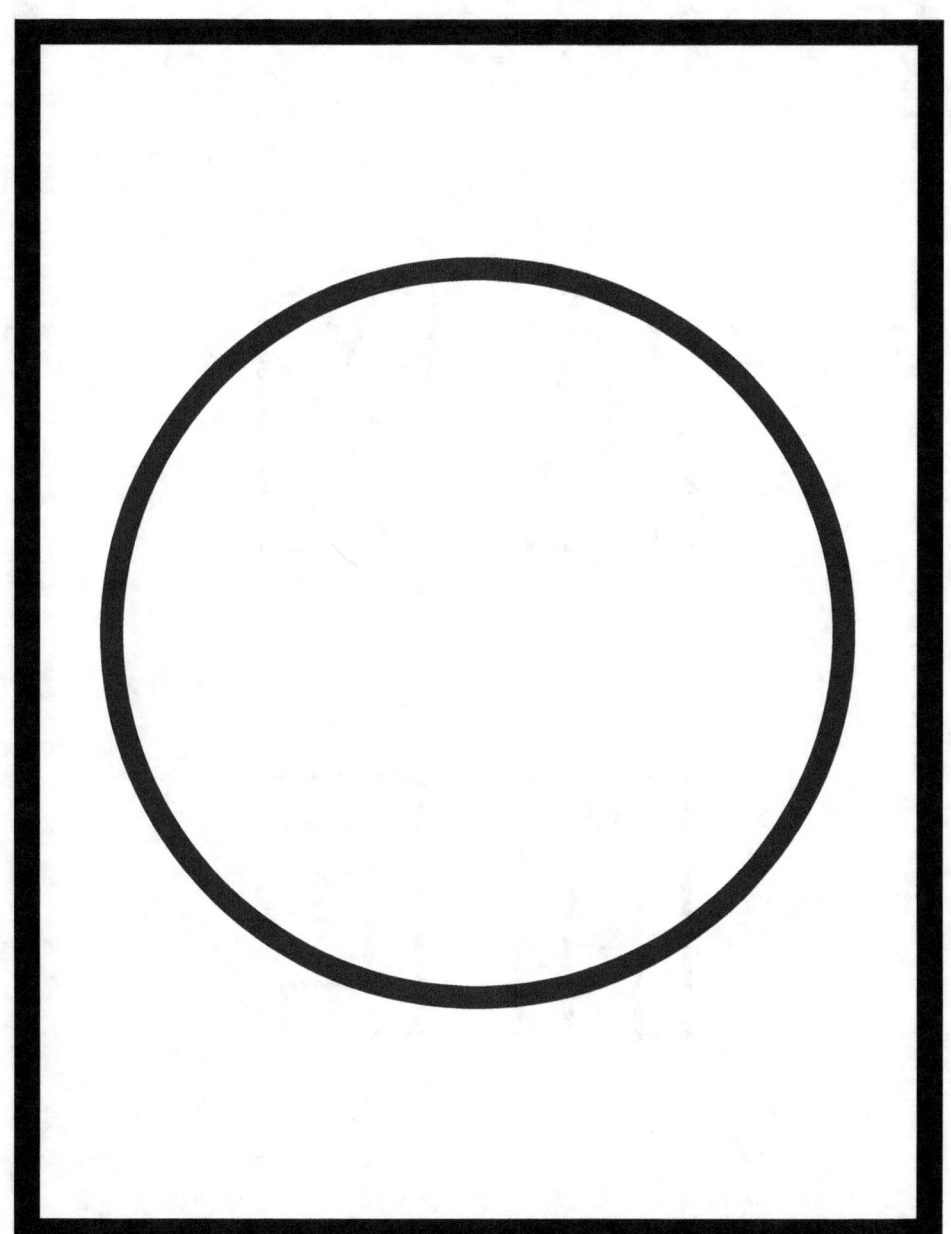

I
AM
ME

IS FOR _____

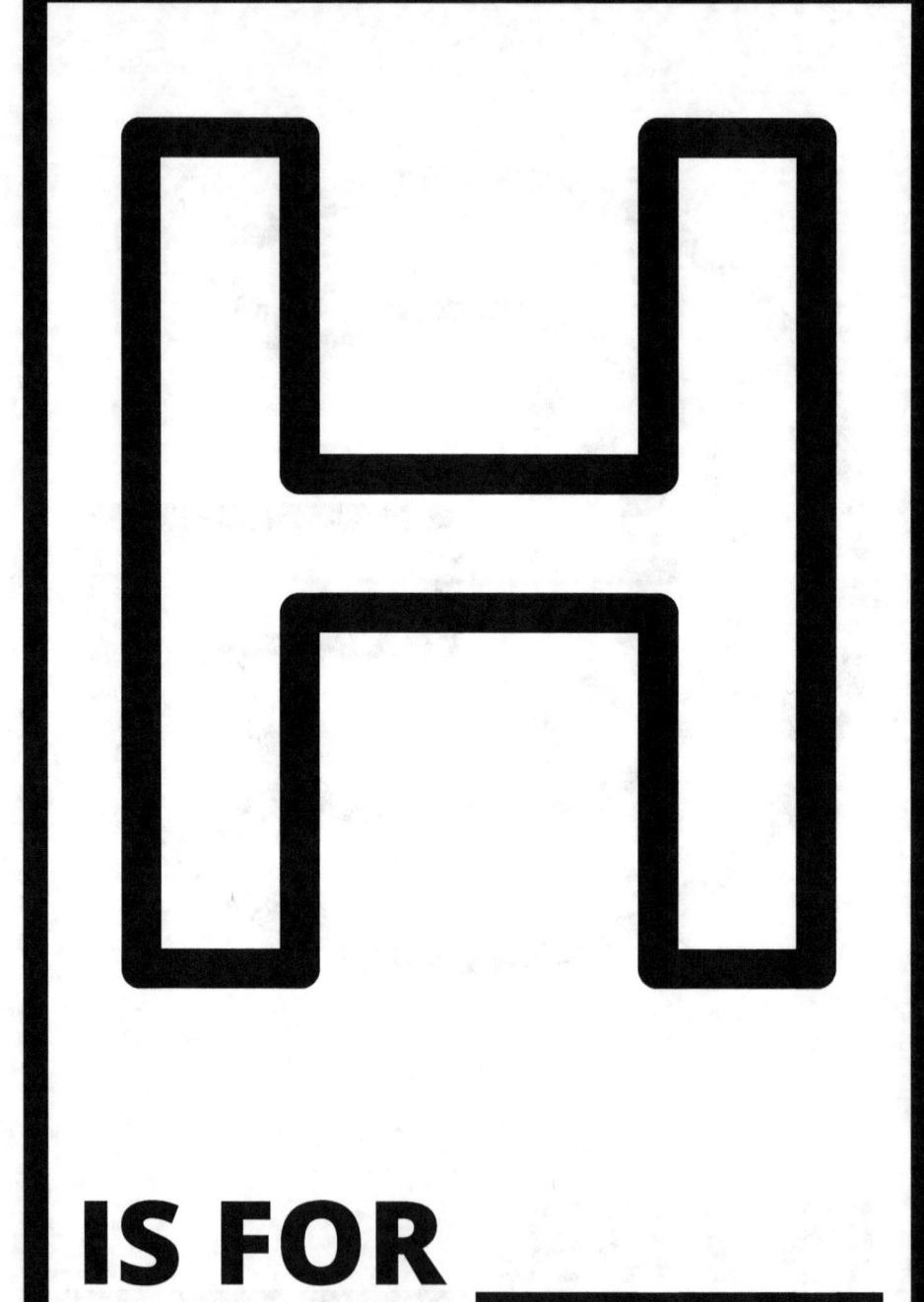

Draw I FEEL

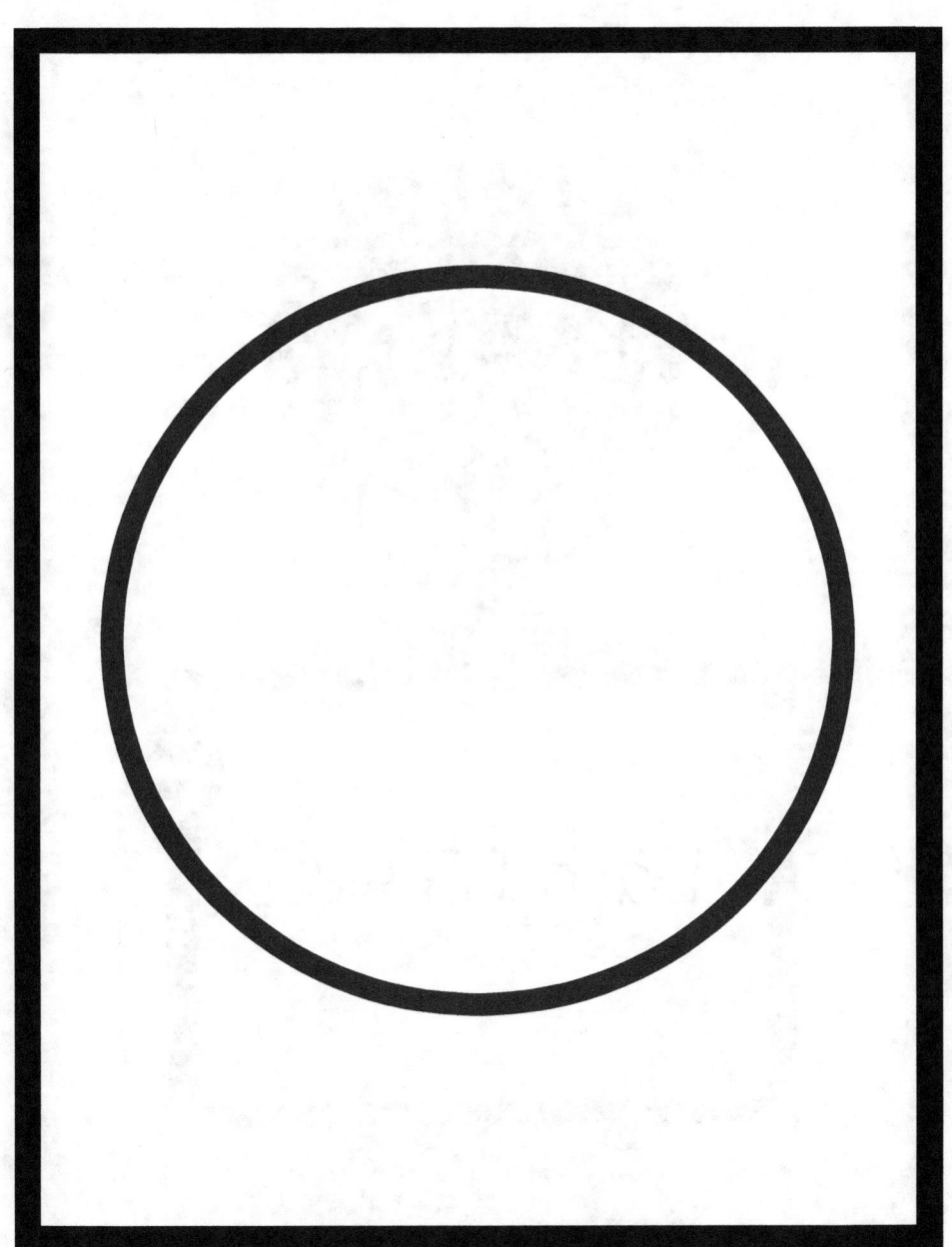

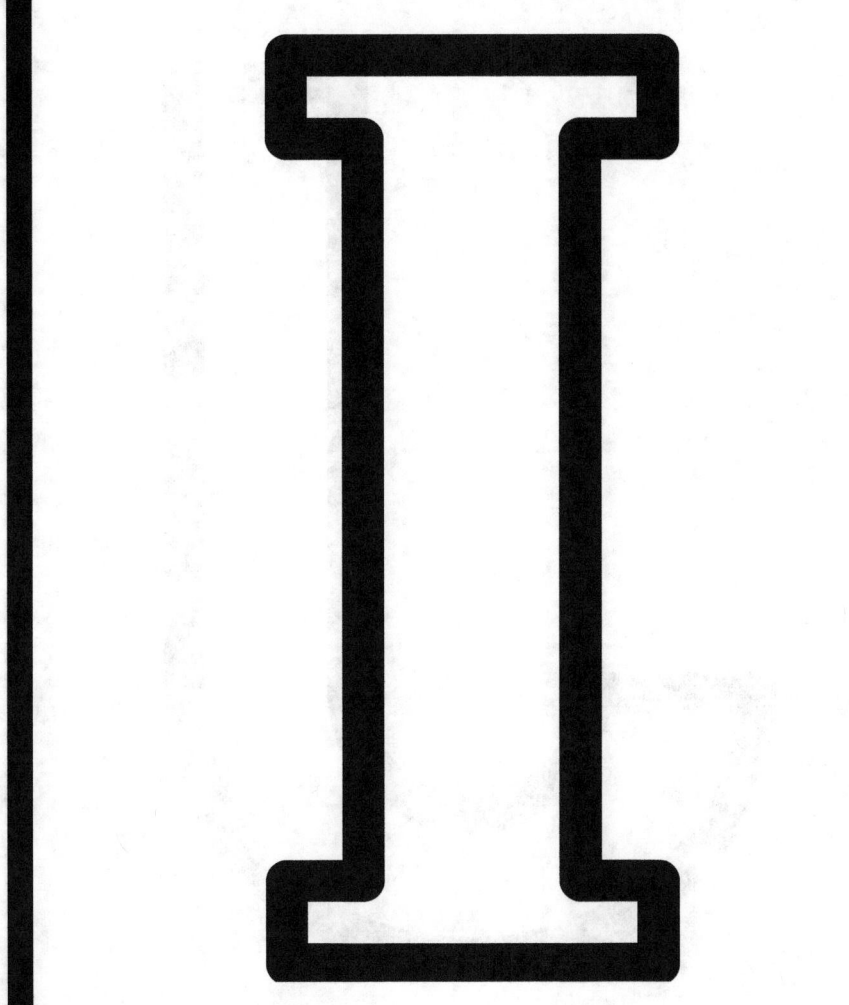

IS FOR _____

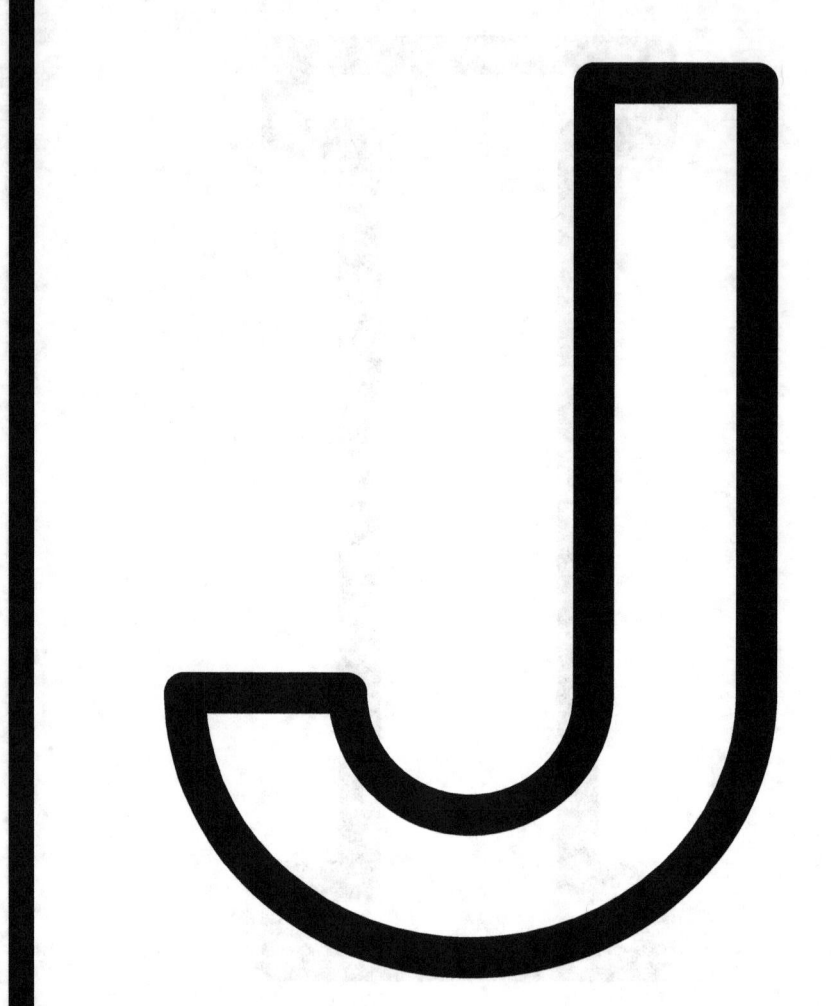

IS FOR _____

Draw I FEEL

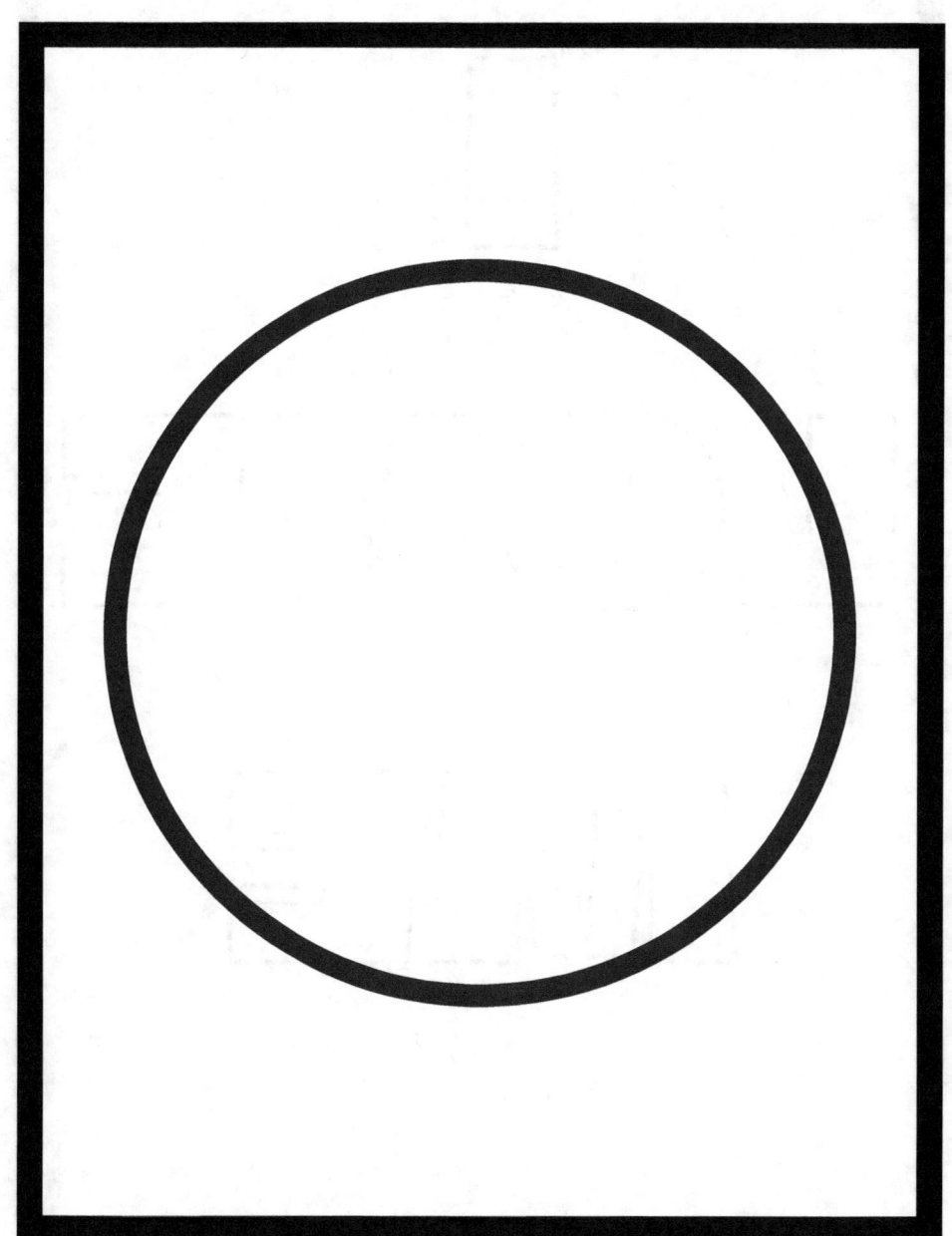

I
LOVE
ME

IS FOR _____

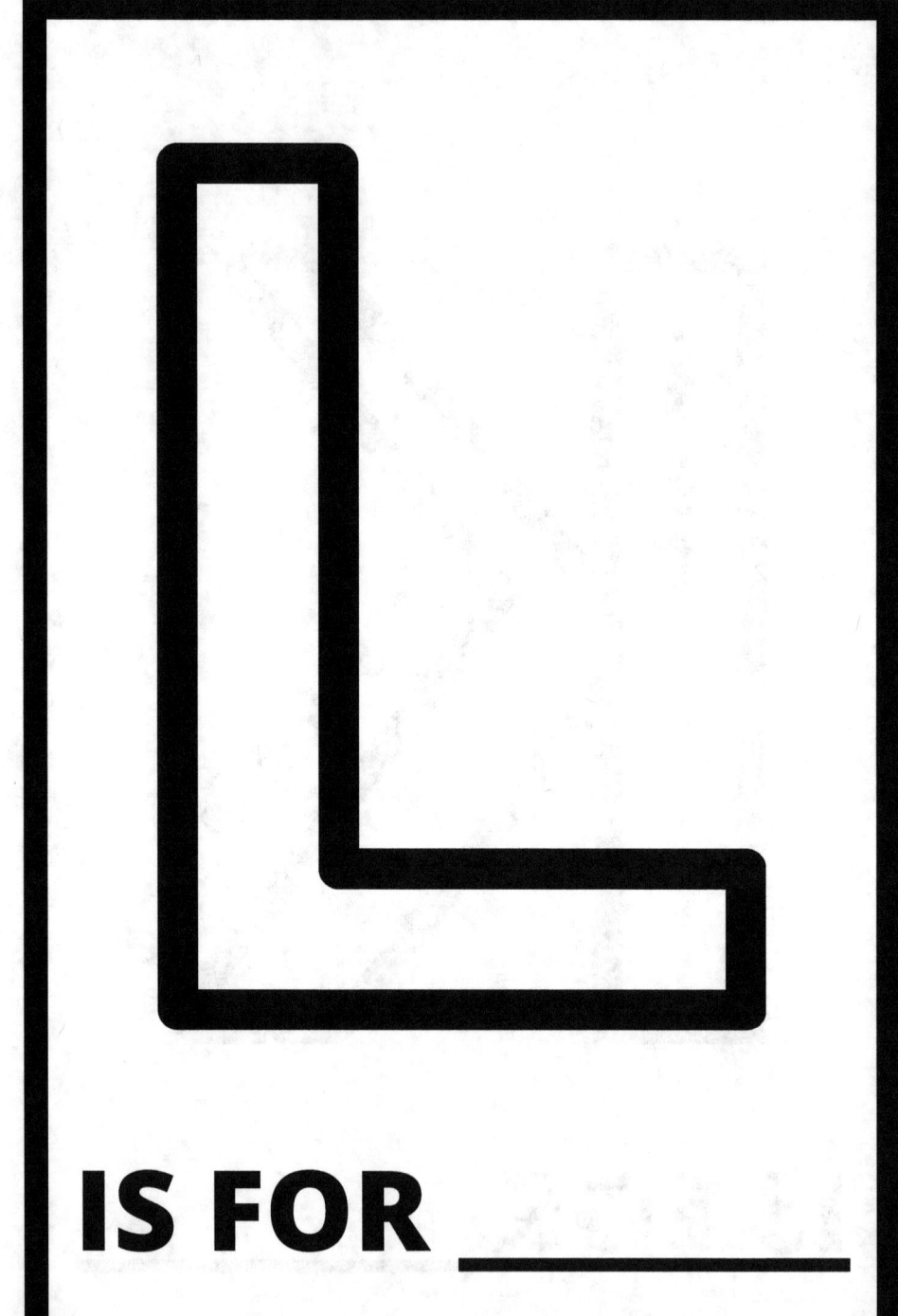

Draw I FEEL

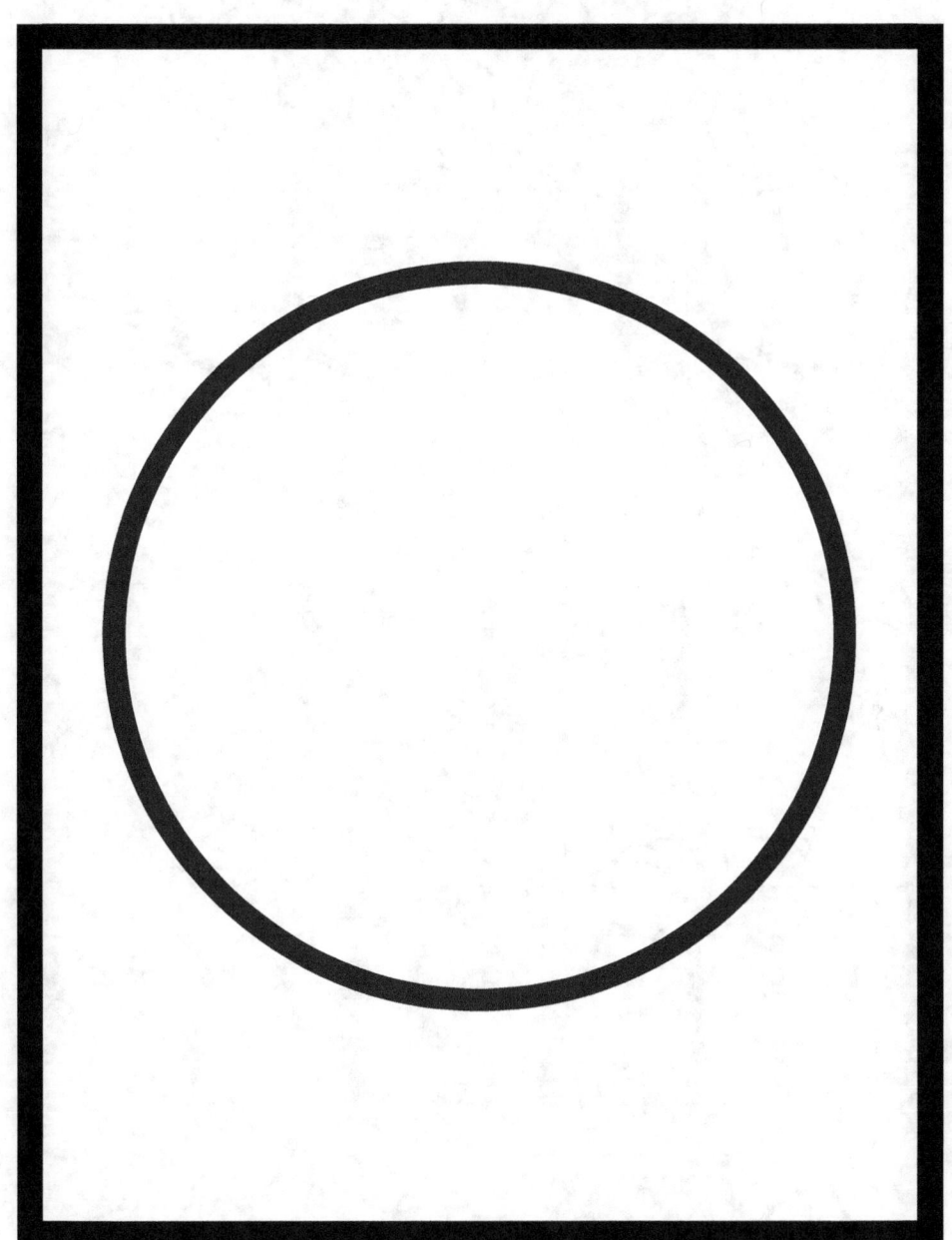

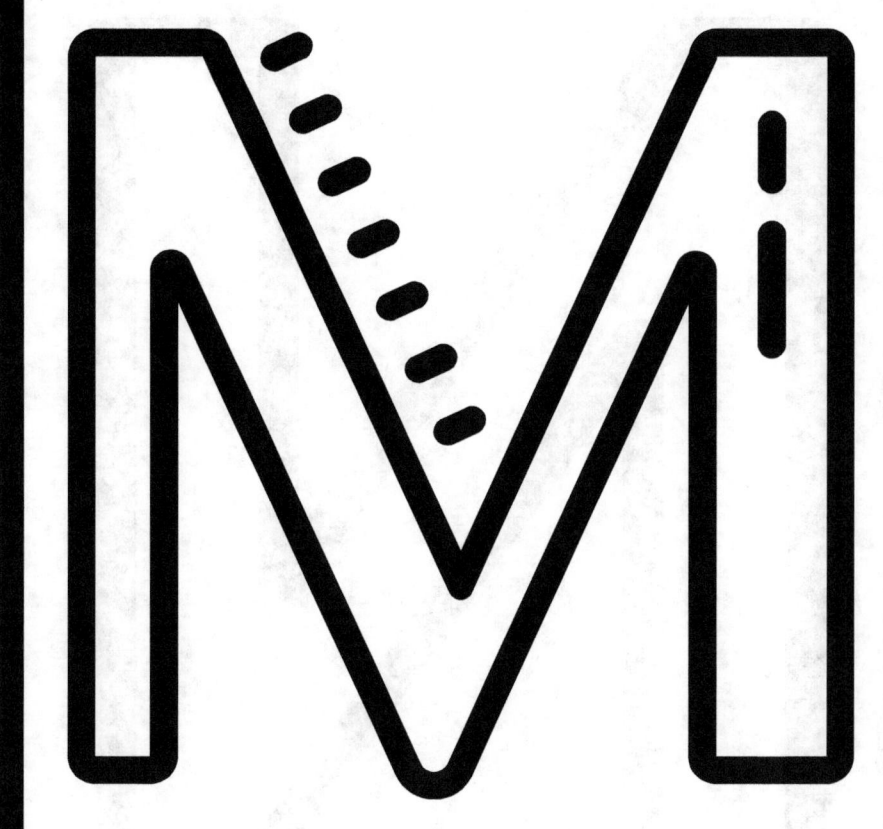

IS FOR _____

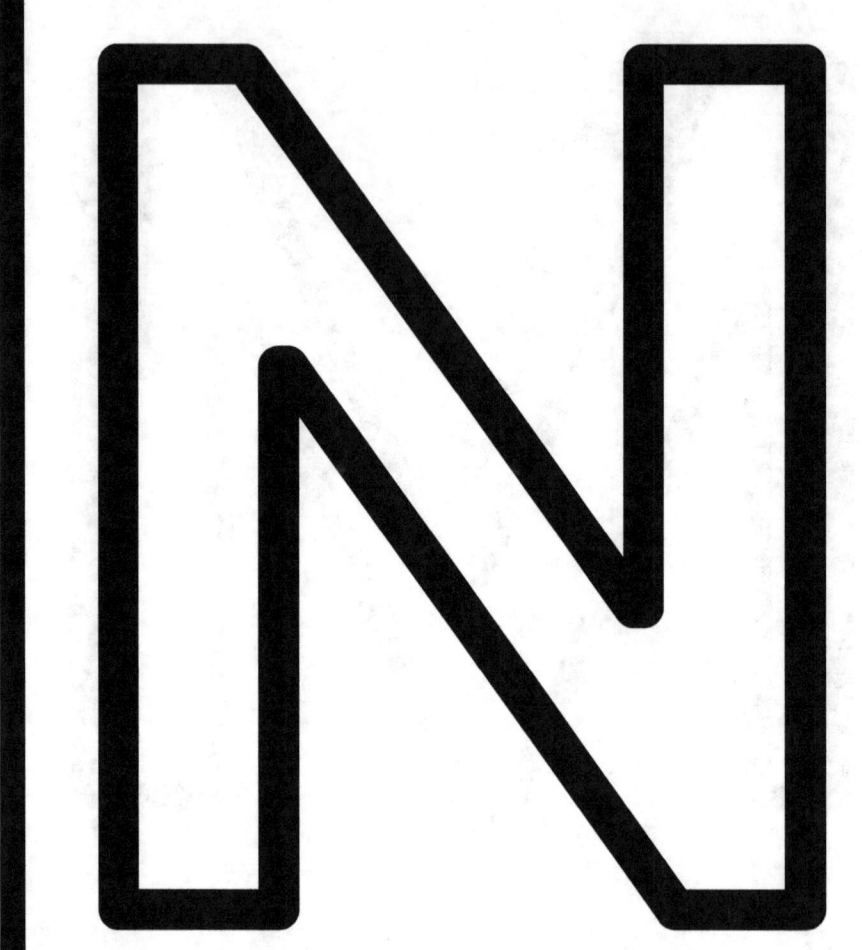

IS FOR ____

Draw **I FEEL**

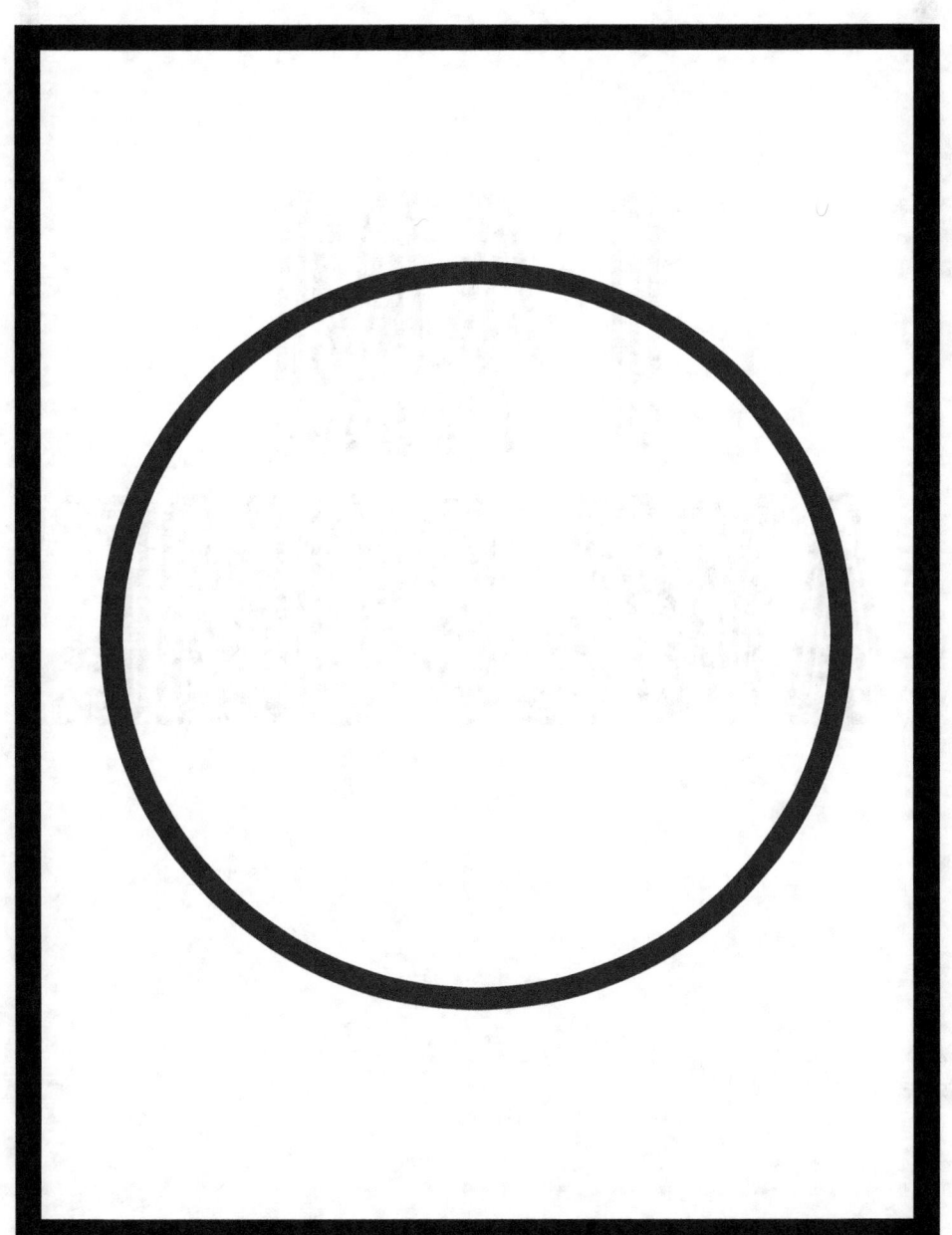

I AM AWESOME

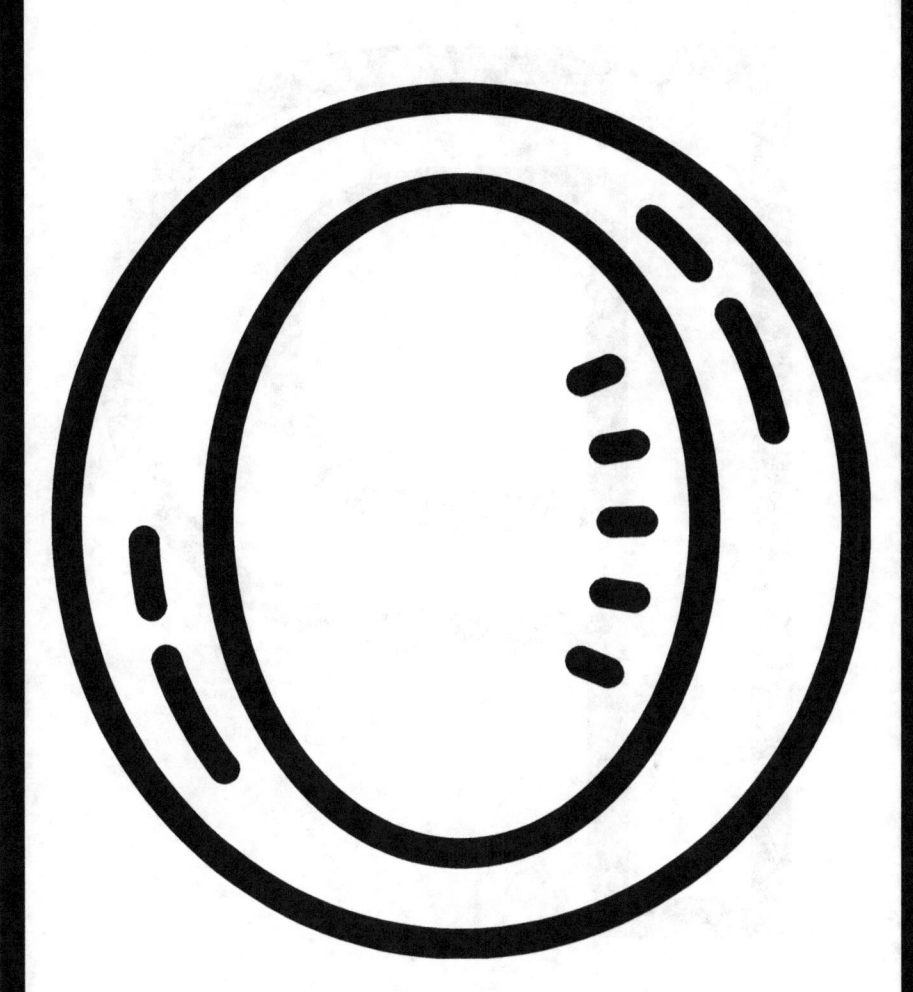

IS FOR _____

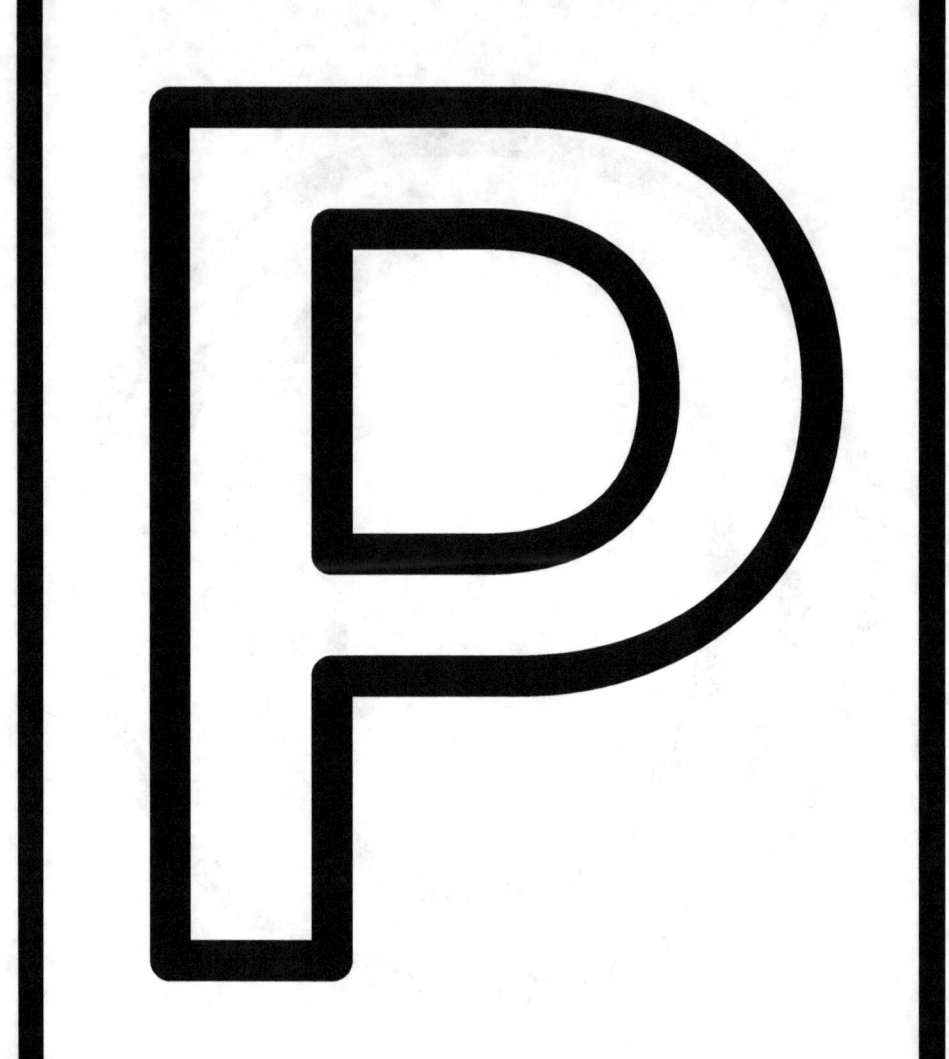

IS FOR _____

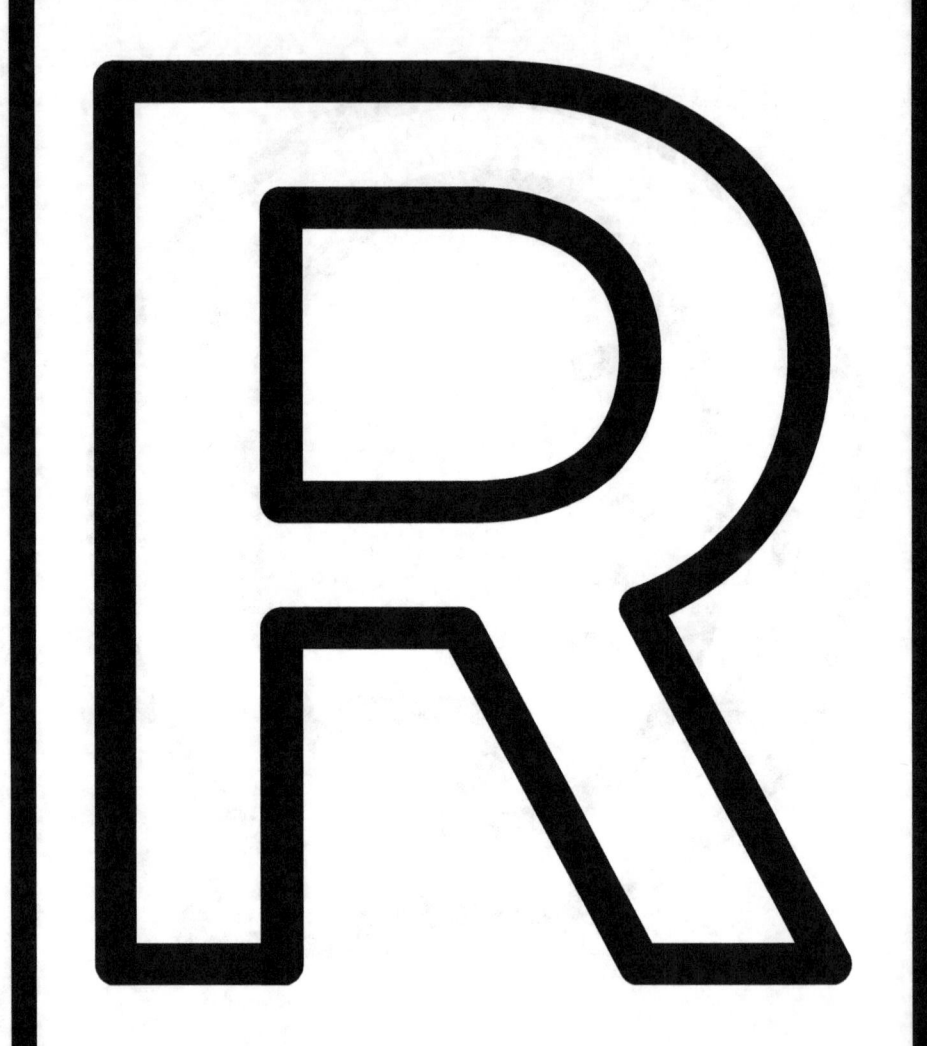

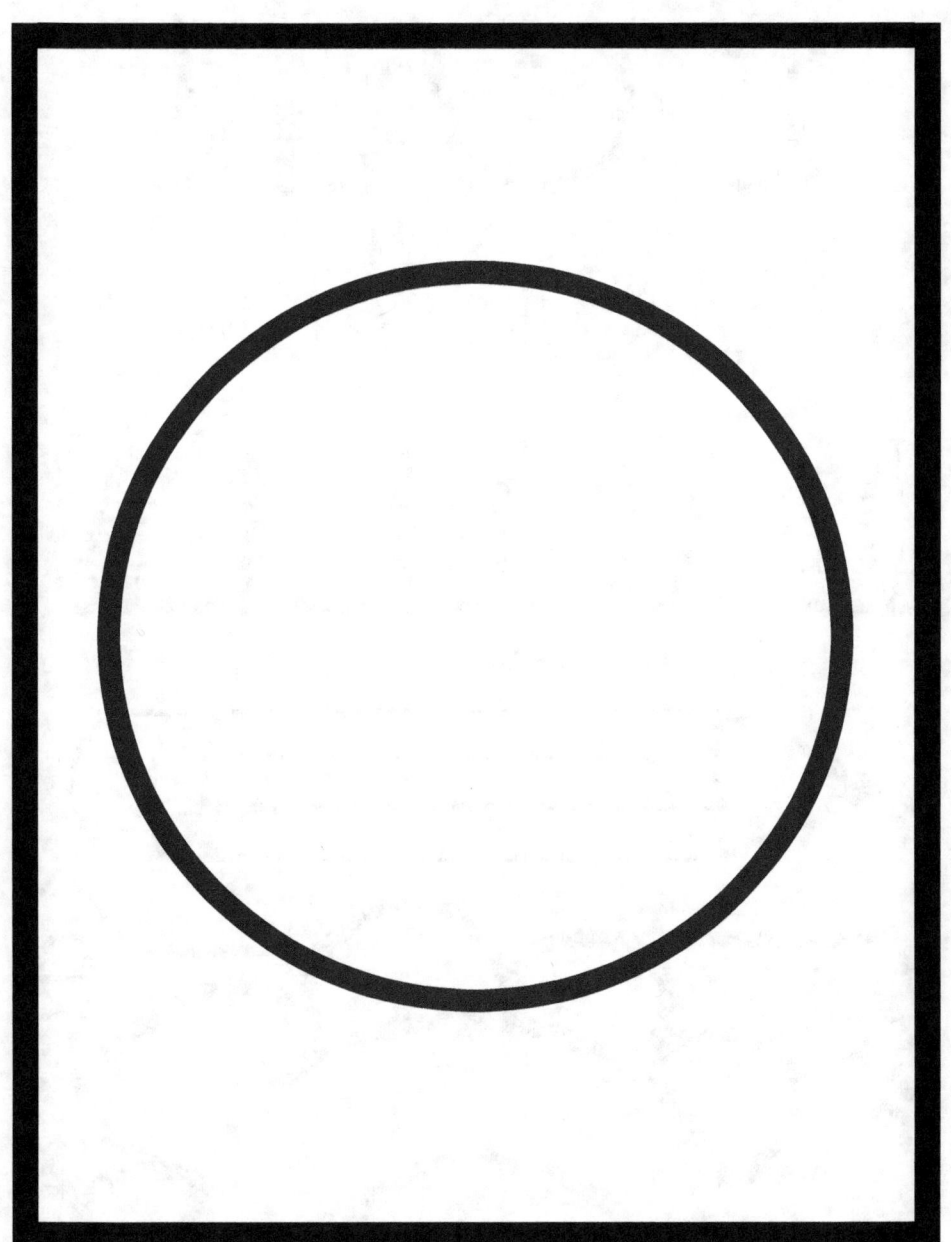

IS FOR _____

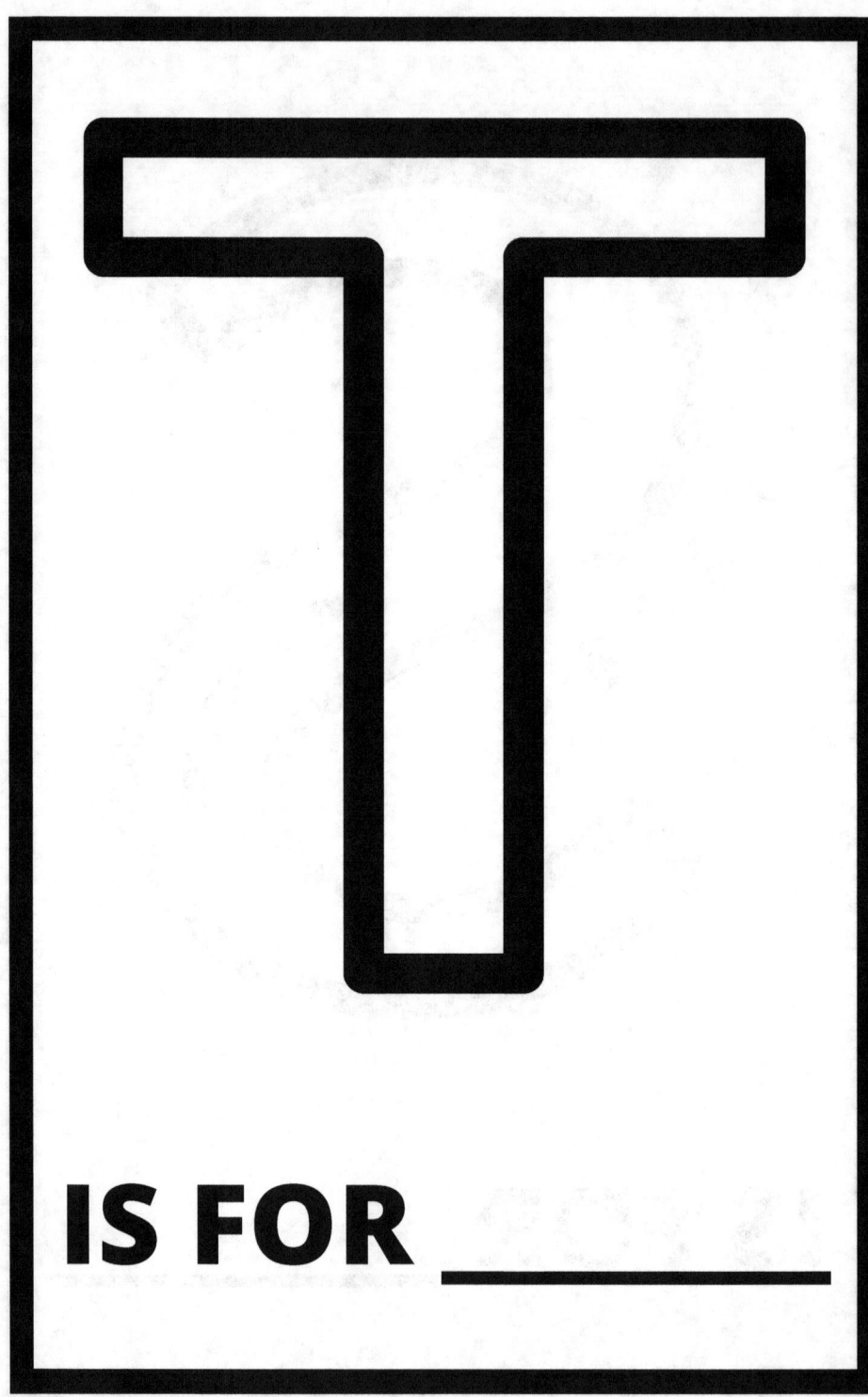

Draw **I FEEL**

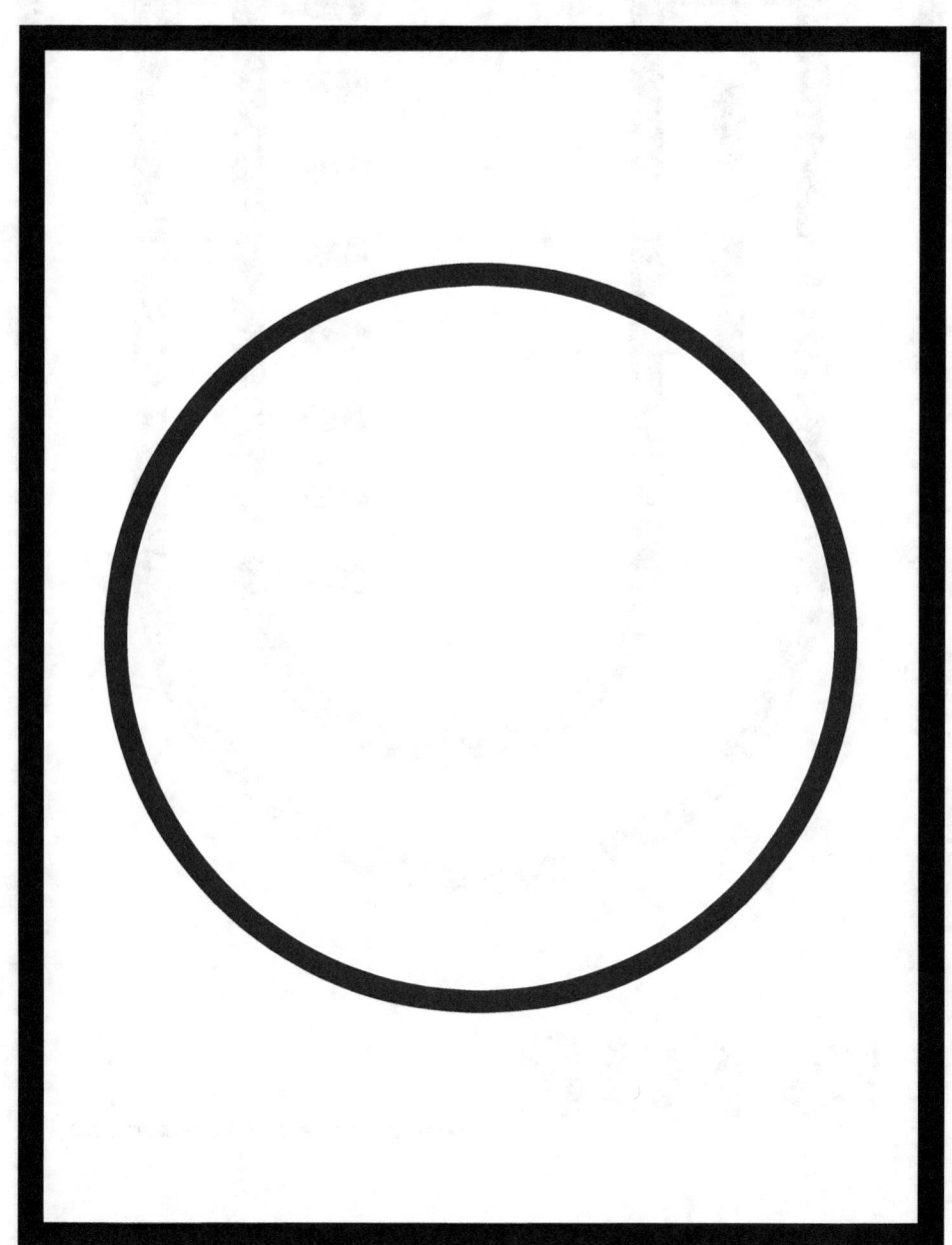

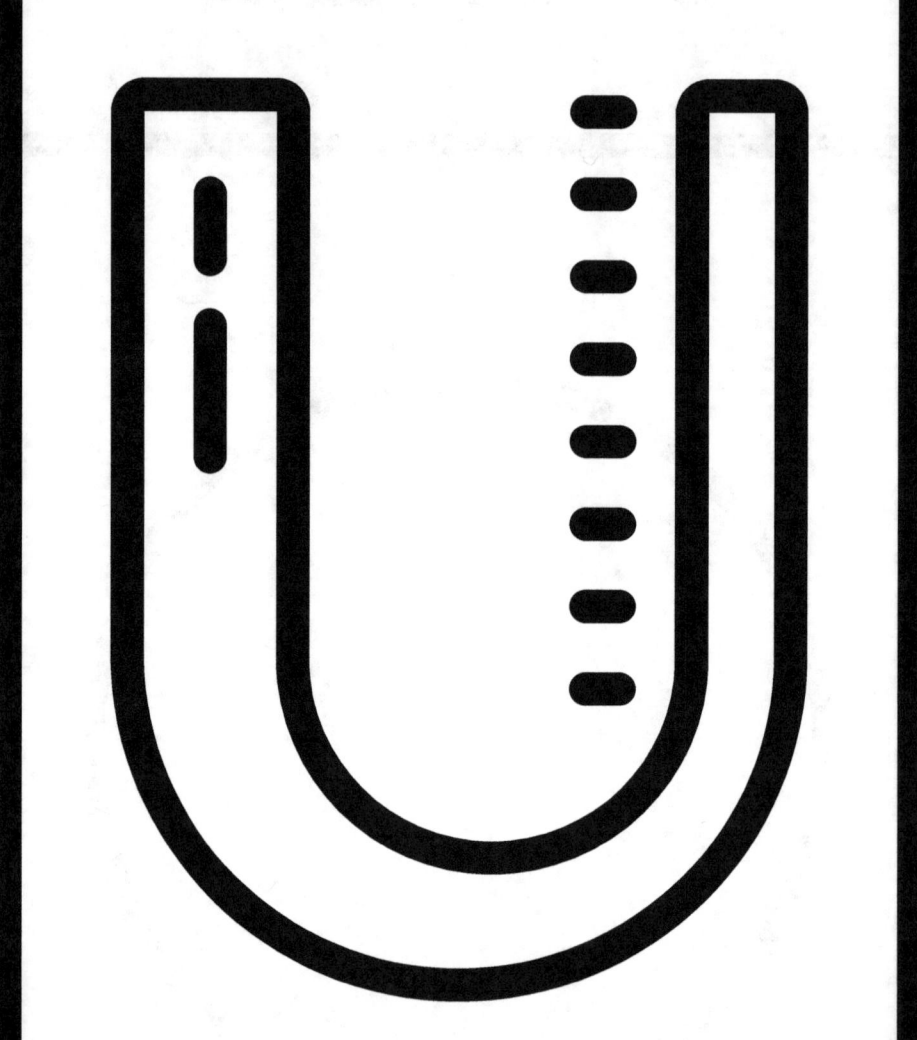

IS FOR _____

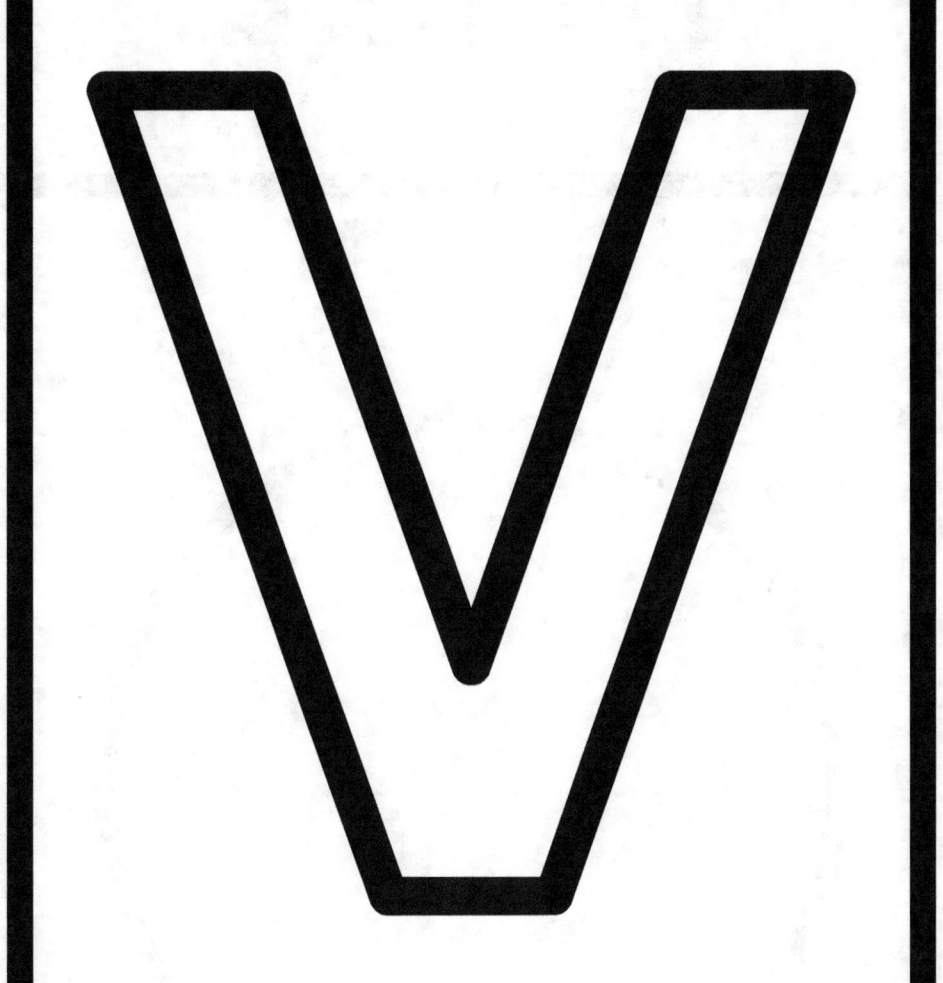

IS FOR ____

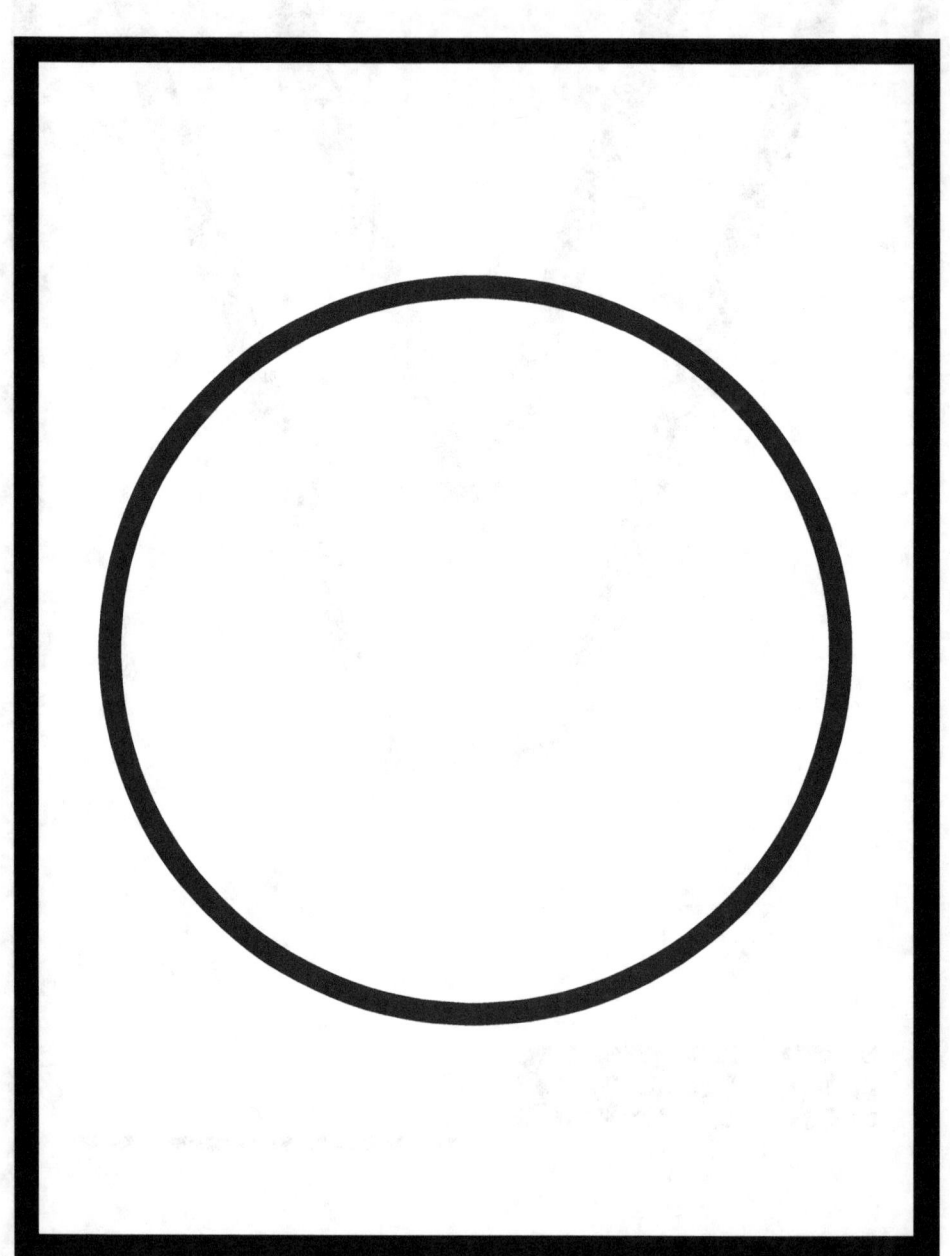

I TURN MY CAN'TS INTO CANS

IS FOR _____

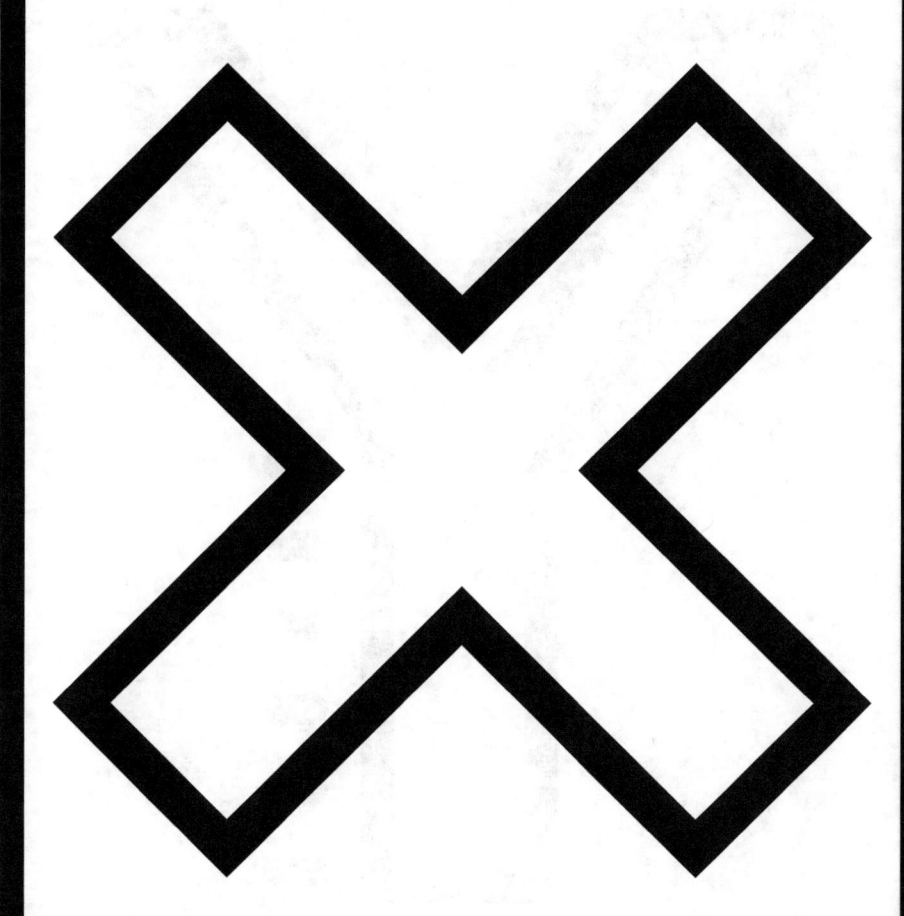

IS FOR _____

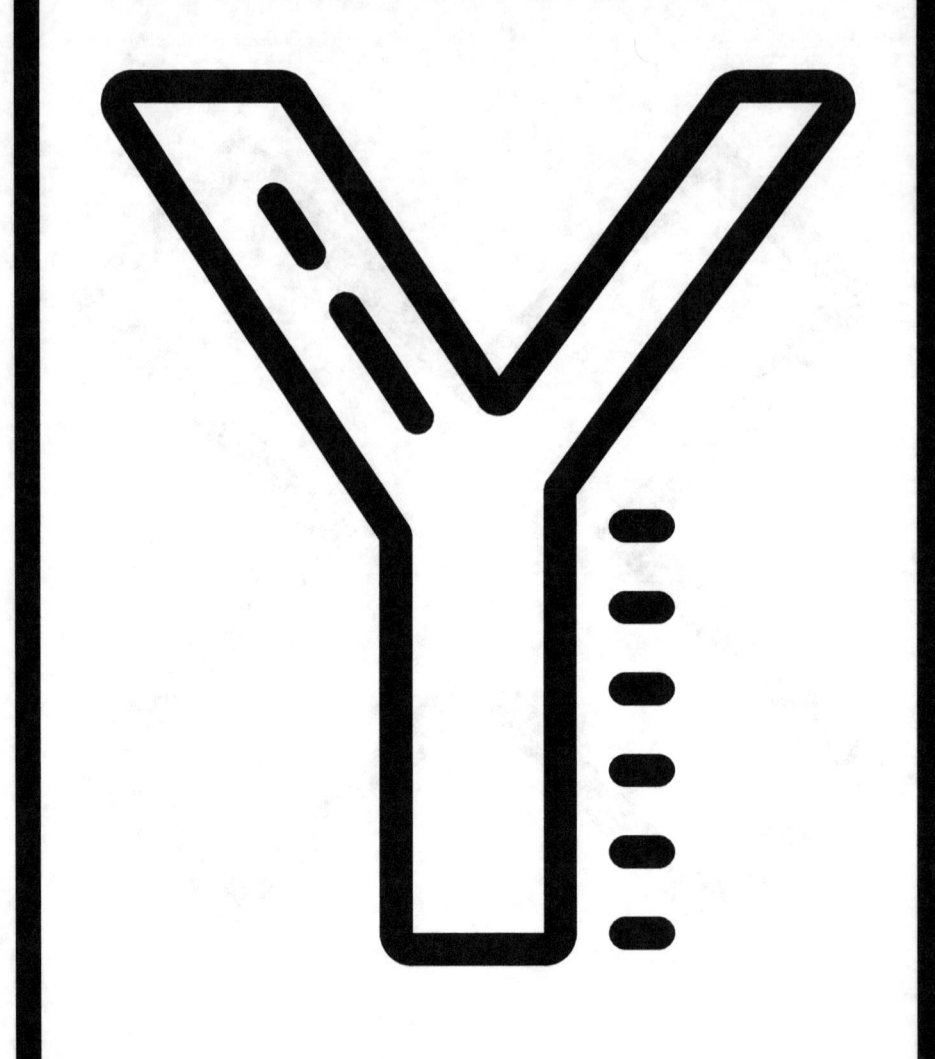

Y IS FOR _____

Draw **I FEEL**

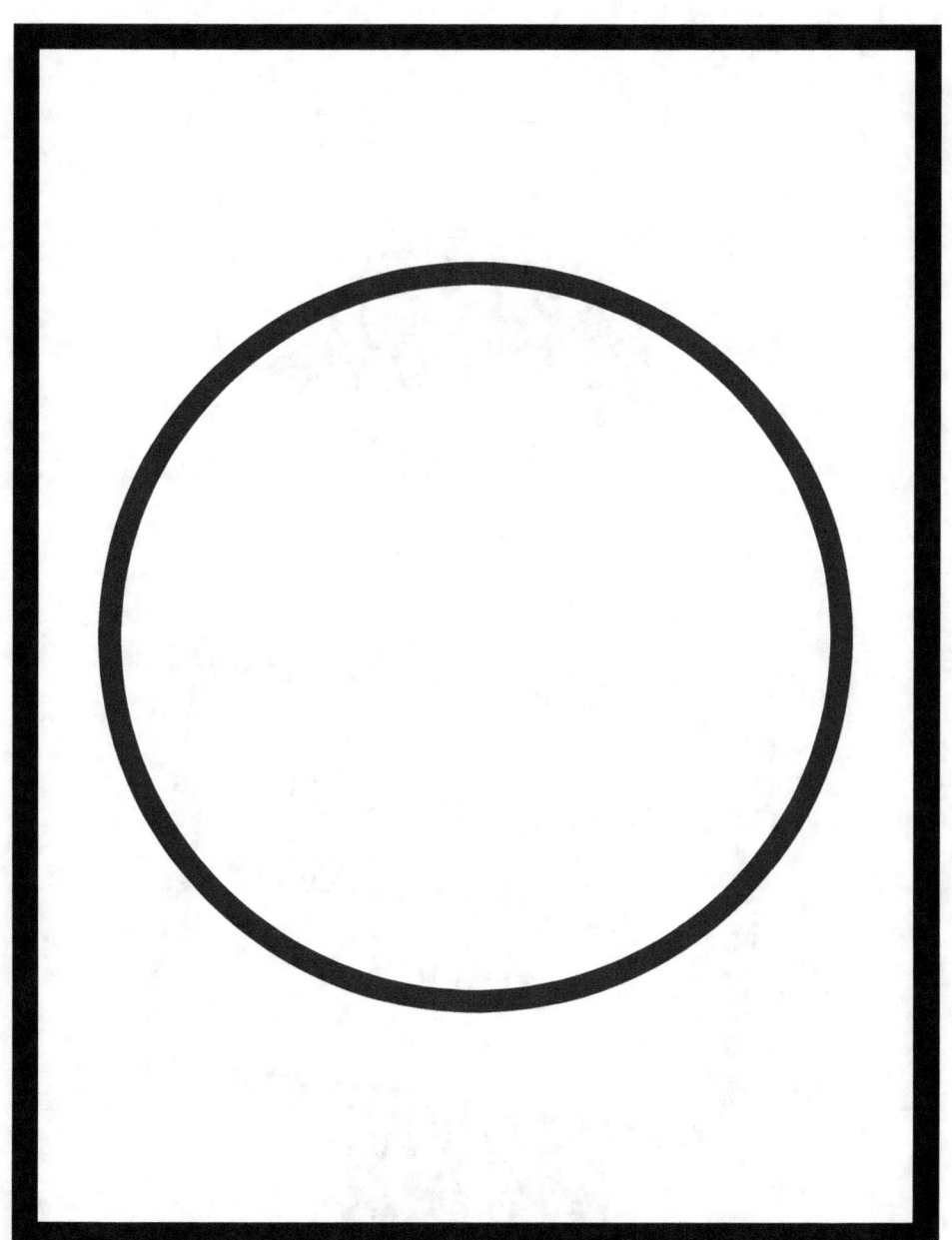

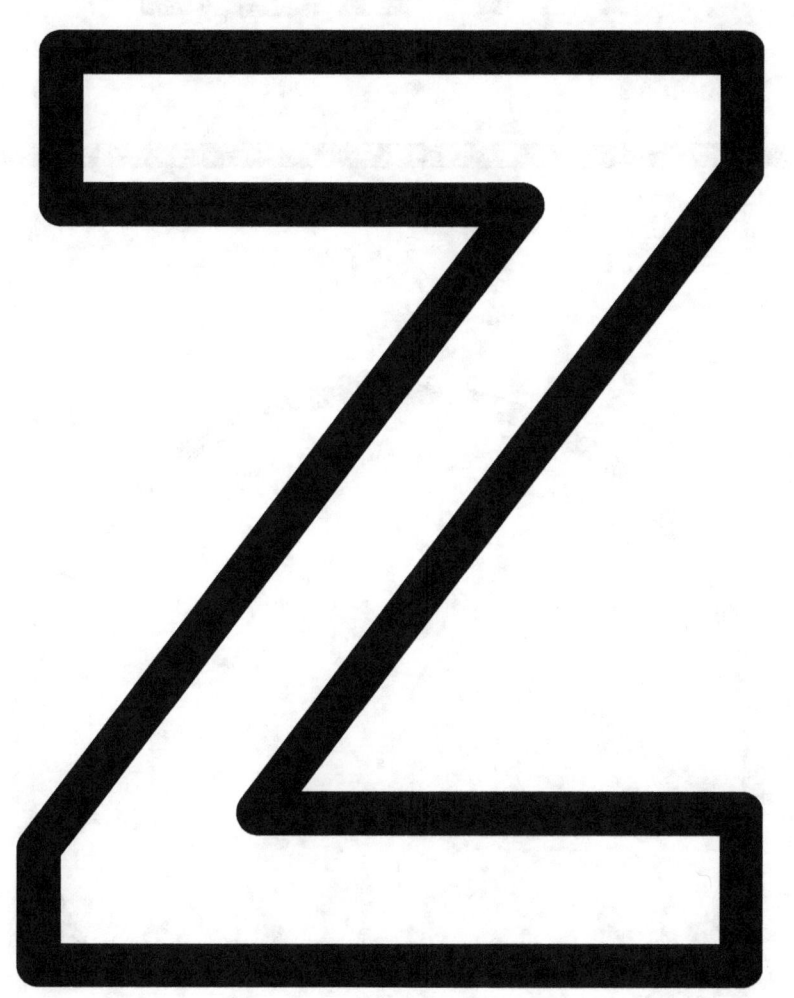

Z IS FOR _____

Draw **I FEEL**

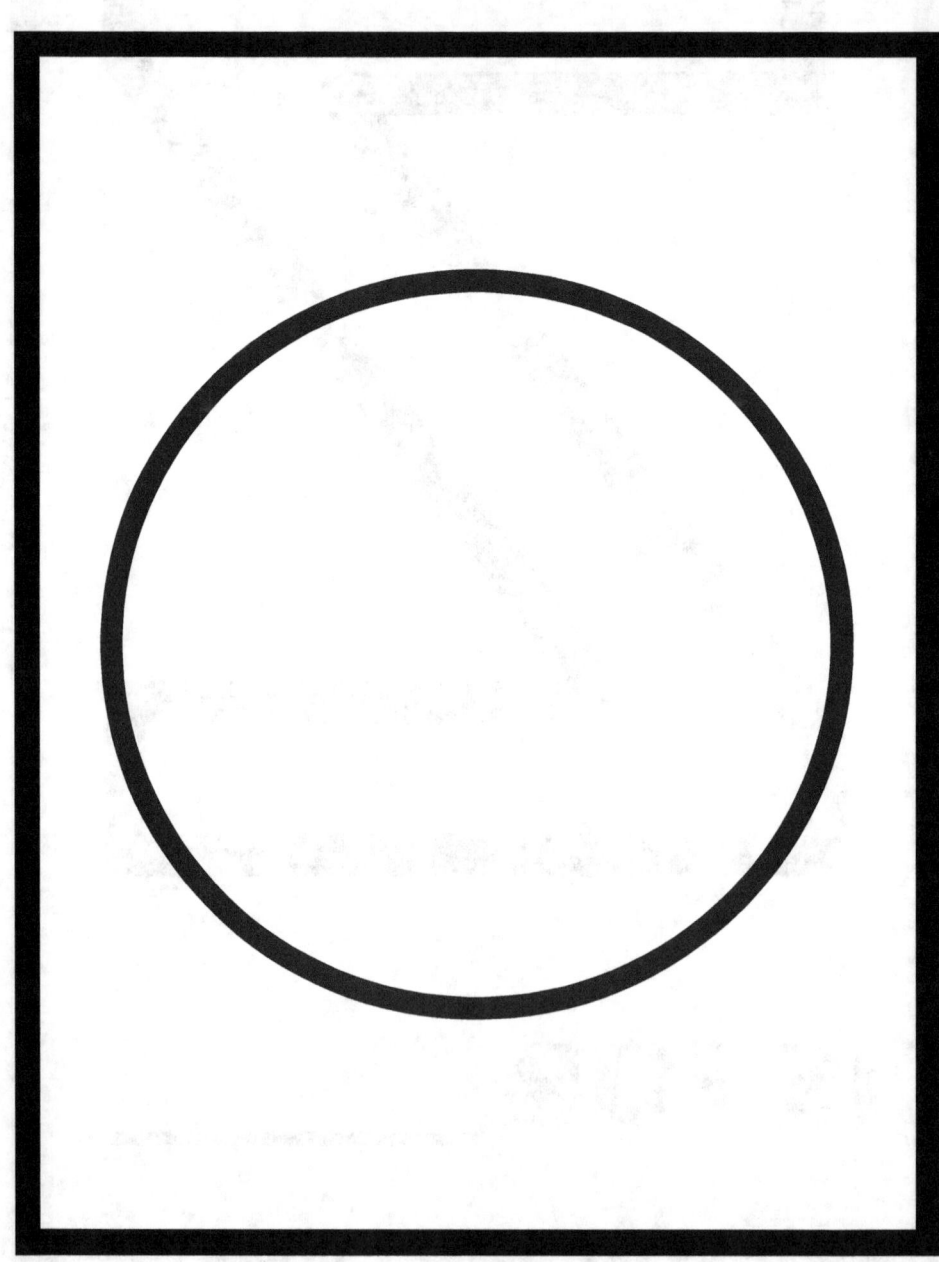

I AM STRONG
I AM AMAZING
I AM KIND
I AM BEAUTIFUL
I AM HAPPY
I AM BRAVE
I AM SMART

I AM UNIQUE
I AM FEARLESS
I AM EQUAL
I AM UNSTOPPABLE
I AM IMPORTANT
I AM WORTHY
I AM LOVED

www.ingramcontent.com/pod-product-compliance
Lightning Source LLC
LaVergne TN
LVHW051956060526
838201LV00059B/3671